AF174239

Colección Emerge serie Lux
Director
Pablo López Raso

Comité científico asesor
Dimas Fernández Gorostarzu
Roberto Campos Gómez
María Isabel Castro Díaz
Francisco Carpio Olmo

© 2025 Irene Mora
Textos, diseño y maquetación: Irene Mora
© 2025 Editorial UFV
Universidad Francisco de Vitoria
Ctra. Pozuelo-Majadahonda, km 1.800
28223 Pozuelo de Alarcón (Madrid)
editorial@ufv.es
www.editorialufv.es

Diseño y maquetación: Irene Mora

Primera edición: Marzo de 2025
ISBN edición impresa: 978-84-10083-97-4
ISBN edición digital: 978-84-10083-98-1
Depósito legal: M-6252-2025

Queda prohibida, salvo excepción prevista en la ley, cualquier forma de reproducción, distribución, comunicación pública y transformación de esta obra sin contar con la autorización de los titulares de la propiedad intelectual. La infracción de los derechos mencionados puede ser constitutiva de delito contra la propiedad intelectual (arts. 270 y ss. Código Penal). El Centro Español de Derechos Reprográficos (www.cedro.org) vela por el respeto de los citados derechos.

Impreso en España - *Printed in Spain*

EL CAMINO

IRENE MORA

2025

"La vida es cambio, la vida es búsqueda, la vida es camino. Lo importante es el viaje, es lo que depende de nosotros."

Ramón Bayés

¡Hola! Mi nombre es Inés
y hace un mes cumplí
18 años

Hay veces que
estoy así

y otras así

Es como si
estuviese frente a
un camino oscuro

y no me atreviera
a entrar en él.

Todos estos sentimientos no estaban
cuando era pequeña

Todas las noches me cuesta

un mundo dormir

Doy vueltas...

y más vueltas

Esa noche soñé con ese camino. Estaba frente a mí

Y esta vez probé a caminar…

De momento todo va bien

El camino parece tranquilo

Sin explicación alguna

¿Miedo a qué?

No lo sé...

En realidad a muchas cosas,
supongo que son tonterías

Cada vez es más grande, pero sigo sin querer mirarlo

Entonces aparece esa presión en el pecho

En realidad, lo siento en diferentes zonas

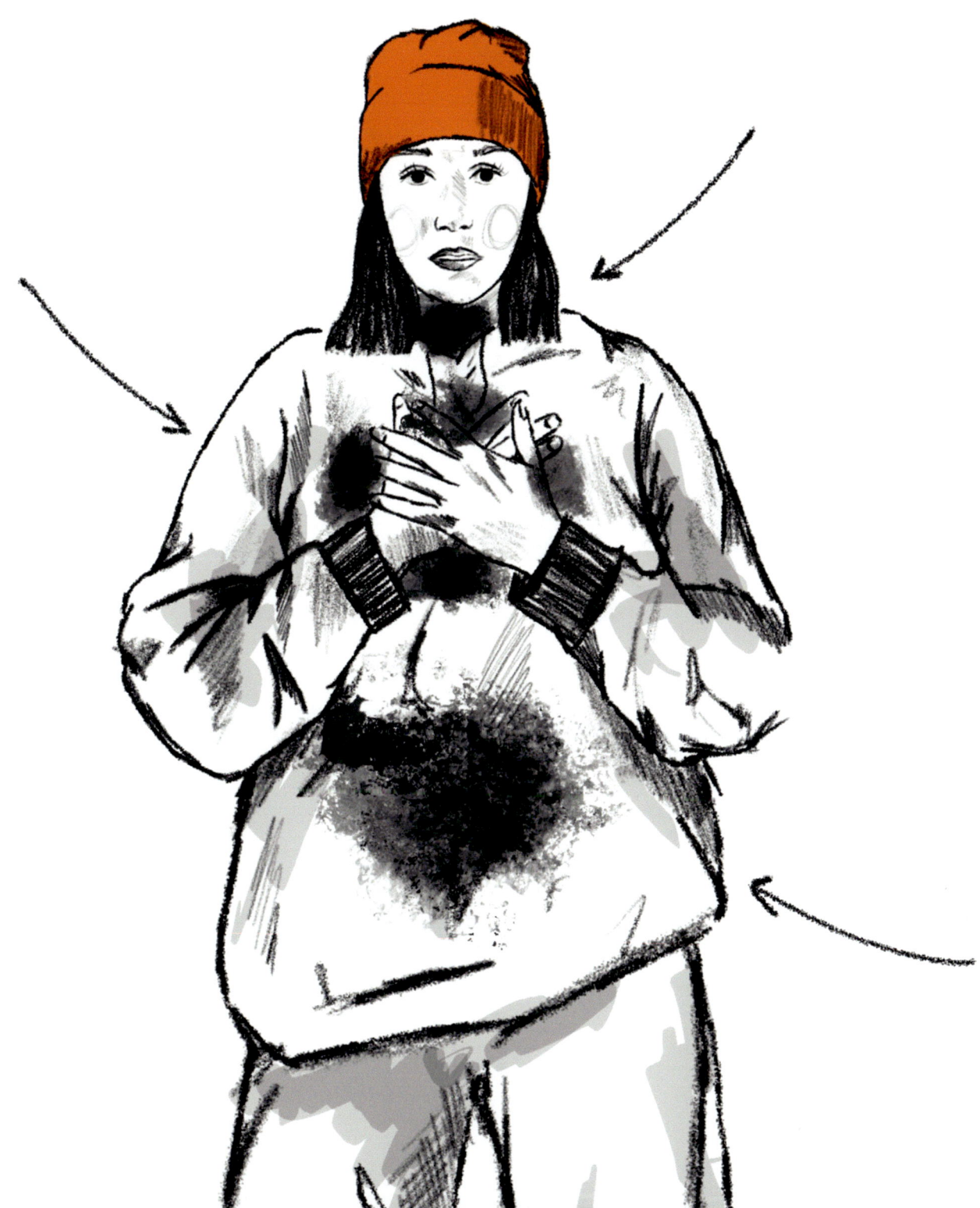

Siempre me avisa de que tengo el miedo detrás, como si fuese una alarma

O más bien, como si fuesen unas gafas que cada vez que me las pongo

aparecen todas las señales de alerta

Y consigue paralizarme

Decido girarme y decir

¡hasta aquí!

Y ahí es cuando veo todos mis miedos

Y me veo a mí...

Todo lo que no me deja respirar y continuar.
Entro a mirarlo bien

miedo a
decepcionar

miedo a perder a mis
seres queridos

miedo al
abandono

miedo a
la muerte

miedo al miedo

miedo a recaer

miedo a no ser
suficiente

miedo a no llegar
a nada

miedo al
compromiso

miedo al
fracaso

miedo a ser
yo misma

miedo a
no gustar

Los reconozco

Los acepto

Y los abrazo

Sigo caminando

La gente me pregunta :¿ya no tienes miedo?

Y sí, sigo teniéndolo

pero ya no me domina

Al aceptar mis miedos les quito el poder y recupero el control sobre mí misma

Continúo caminando con el miedo como un
compañero de viaje

para poder avanzar

y seguir con mi camino

Hay partes en las
que todo parece
fácil

pero muchas otras...
se hace cuesta arriba

Cada vez cuesta más

y más...

Y entonces aparecen esas voces.
Esas que aparecen de vez en cuando, pero trato de ignorar

Bla Bla Bla Bla Bla Bla Bla Bla Bla Bla Bla Bla Bla Bla Bla Bla Bla Bla Bla Bla Bla Bla Bla Bla Bla Bla Bla Bla Bla Bla Bla Bla Bla Bla Bla Bla Bla Bla Bla Bla Bla Bla Bla Bla Bla Bla Bla Bla Bla Bla Bla Bla Bla Bla Bla Bla Bla Bla Bla Bla Bla Bla Bla Bla Bla

Cada vez son más fuertes

Vienen de todas partes, de toda esa gente.
Muchos ni si quiera son importantes, pero...

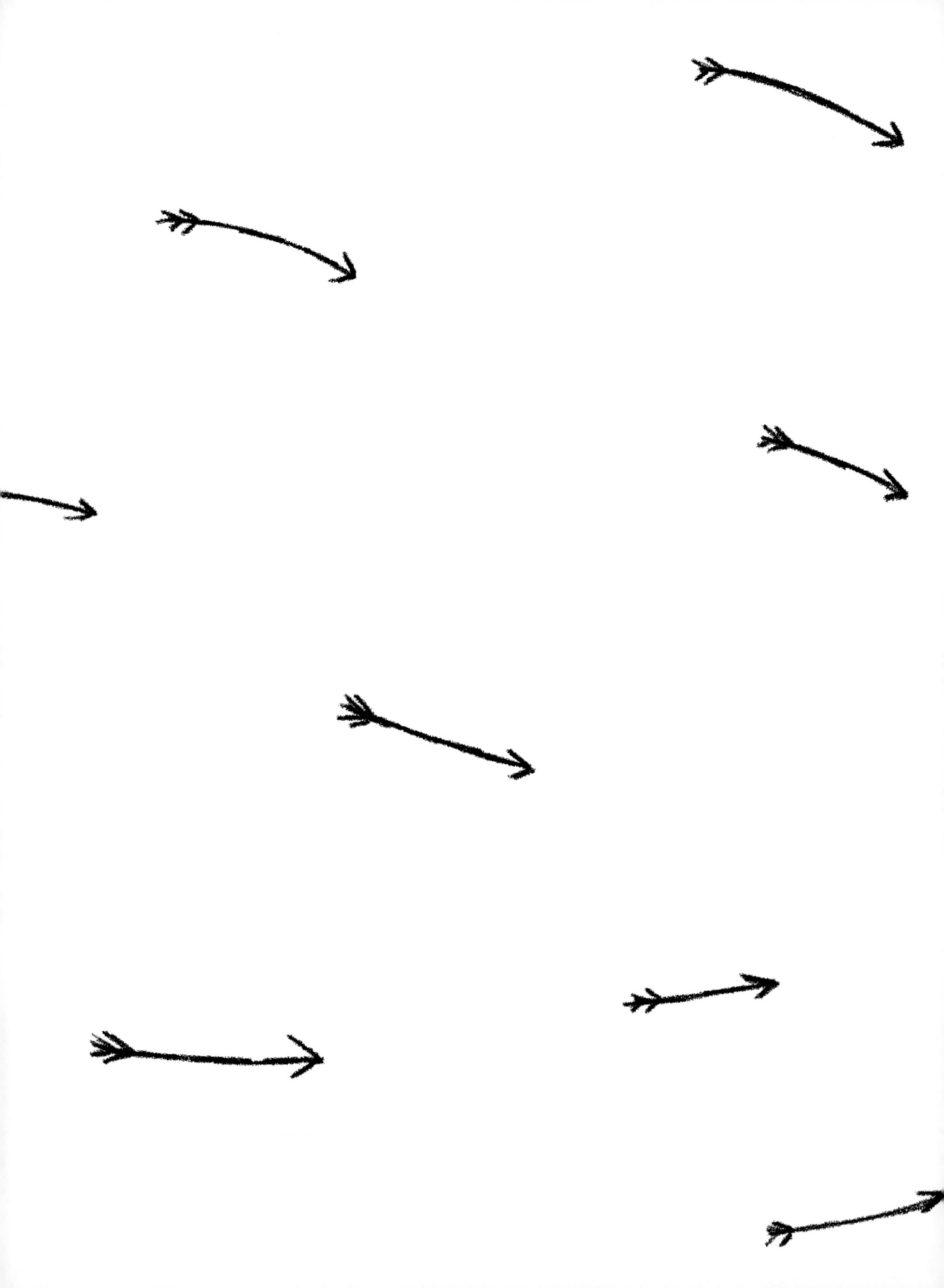

sus palabras se me clavan

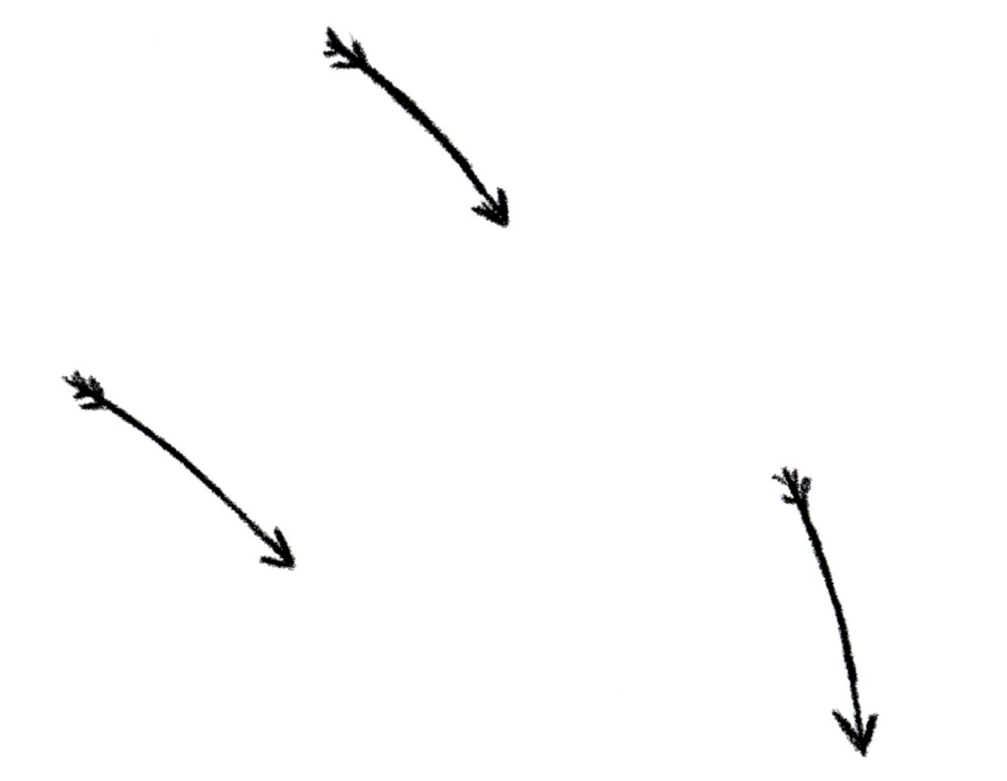

Y es cuando construyo una versión de mí
basada en sus creencias

Hasta que yo misma me veo así

Paro un
momento

para construir

un muro

frente a toda esa gente

y me encuentro con muchas otras...

que me devuelven esa mirada

La vida está llena de inseguridades que pueden hacer
el camino cuesta arriba

y acabo cargando

con la opinión de toda
esa gente

que me convence de que no valgo

Pero ese día sus palabras me
ayudaron a coger fuerza

no vales, no eres capaz, eres inútil, no haces nada bie

y poner mi atención en el lado correcto,

para seguir mi camino...

El camino sigue,

y todavía cuesta

Hay muchas piedras y cada vez me hace más daño caminar

Continué durante un rato, pero...

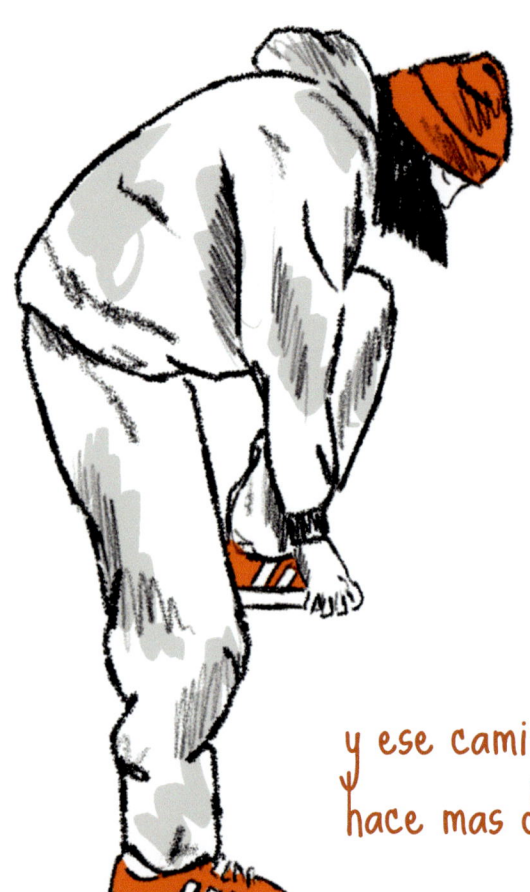

los pies me duelen

y ese camino cada vez me
hace mas daño

No me siento capaz
de abandonarlo

¿Por qué estoy tratando de adaptarme a
algo que me destruye?

Es como intentar acercarte a alguien
a quien, cada vez que te acercas, te quema

Lo lógico es no acercarte más...
pero aparece ese obstáculo

prohibido el paso o te
sentirás culpable

que se
llama culpa

Entonces, por no querer irme,
acabo dañándome a mí misma

y menos libre...

Siempre habrá gente que me hará
daño por elegir irme

Y es que
elegir irme

es elegirme

límites

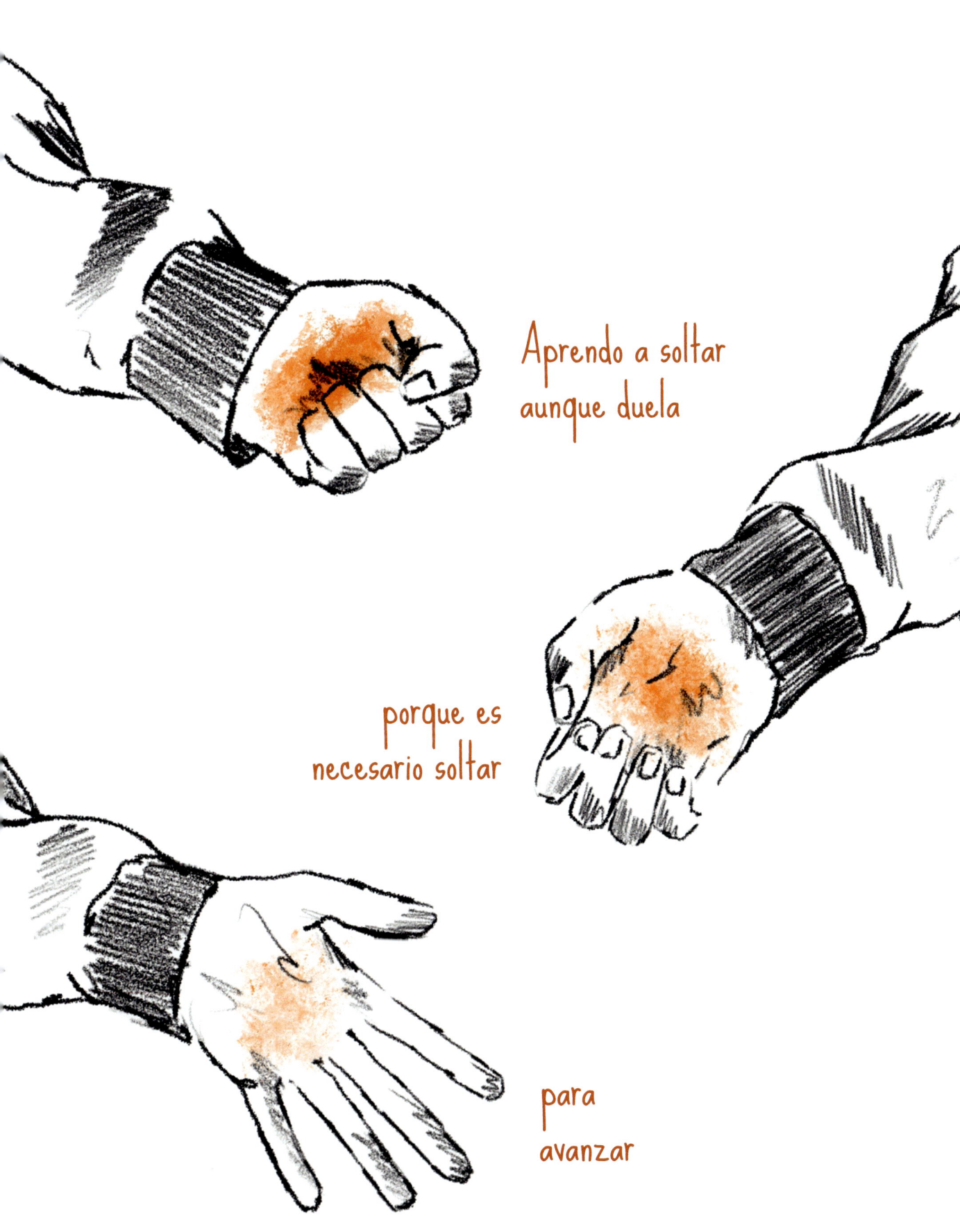

Aprendo a soltar aunque duela

porque es necesario soltar

para avanzar

y no quedarme donde me destruyen

Así que ese día, decido abandonar...

y seguir por otro camino

que me aporta tranquilidad

De pronto empieza a llover

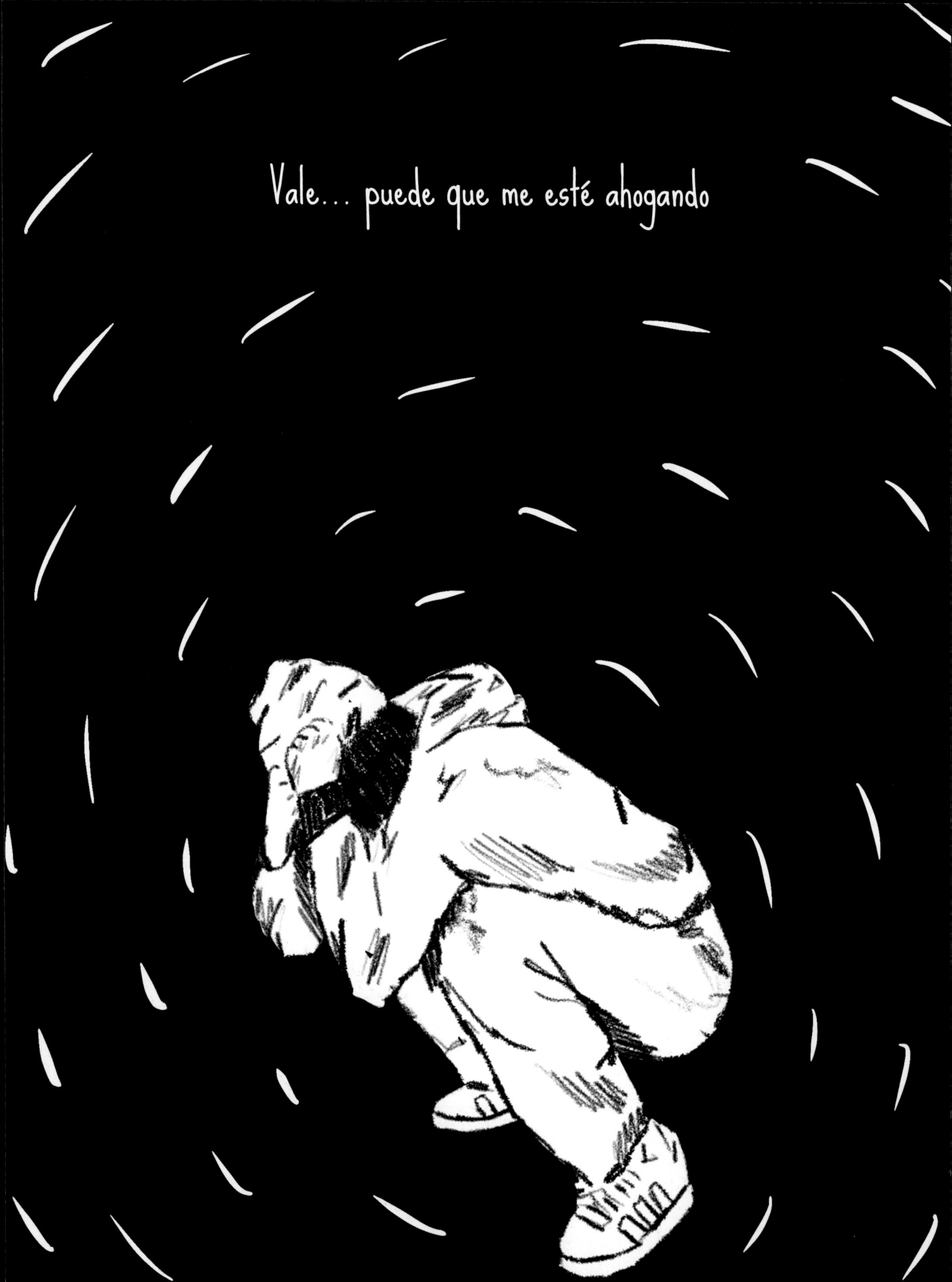
Vale... puede que me esté ahogando

Puede que esta vez no
lo consiga sola

Pero no quiero enseñar
mis debilidades

prefiero esconderlas

Crear una máscara que
la gente vea

y poder ocultarme
tras ella

Pedir ayuda, me ayudó a
no ahogarme

No quise contar mis debilidades,
pero igualmente se sentó a mi lado

Pasaban los minutos

las horas...

y ahí seguía

Porque del fondo
no se sale solo

Seguí mi camino

sabiendo que no estaba sola

A medida que el camino avanza, siento
que me conozco mejor

Puede que haya sido un poco dura
conmigo misma

en más de
una ocasión

Siempre me he fijado en todo menos en mí,
comparándome constantemente

He tratado de cuidar
todo mi alrededor

Y se me ha olvidado lo
más importante

que es cuidarme

a mi misma

Puede que sea más fuerte
de lo que me creo

solo tengo que
aprender a verlo

Y entonces me doy cuenta de que gracias a que me he conocido

me he aceptado

Y aprendo que las palabras
que nos decimos a
nosotros mismos

Decidí parar un momento

para mirar atrás

Me doy cuenta de que ya no
soy la niña que era

de que he crecido

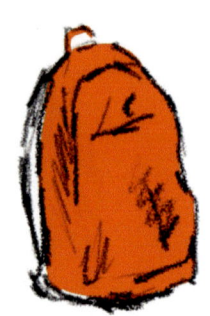

y que ahora mi mochila
carga cosas diferentes

He aprendido la importancia
de las relaciones en mi vida

Que las personas
van y vienen

Y la importancia de crear
un círculo sano

He aprendido que los miedos son parte de mí

Y que ya no solo tengo miedo a los monstruos o
a la oscuridad

A que no somos nuestras inseguridades

Pero sobre todo, he
aprendido a quererme

y a aceptarme

Saber que el camino son etapas

y que nunca será una línea recta

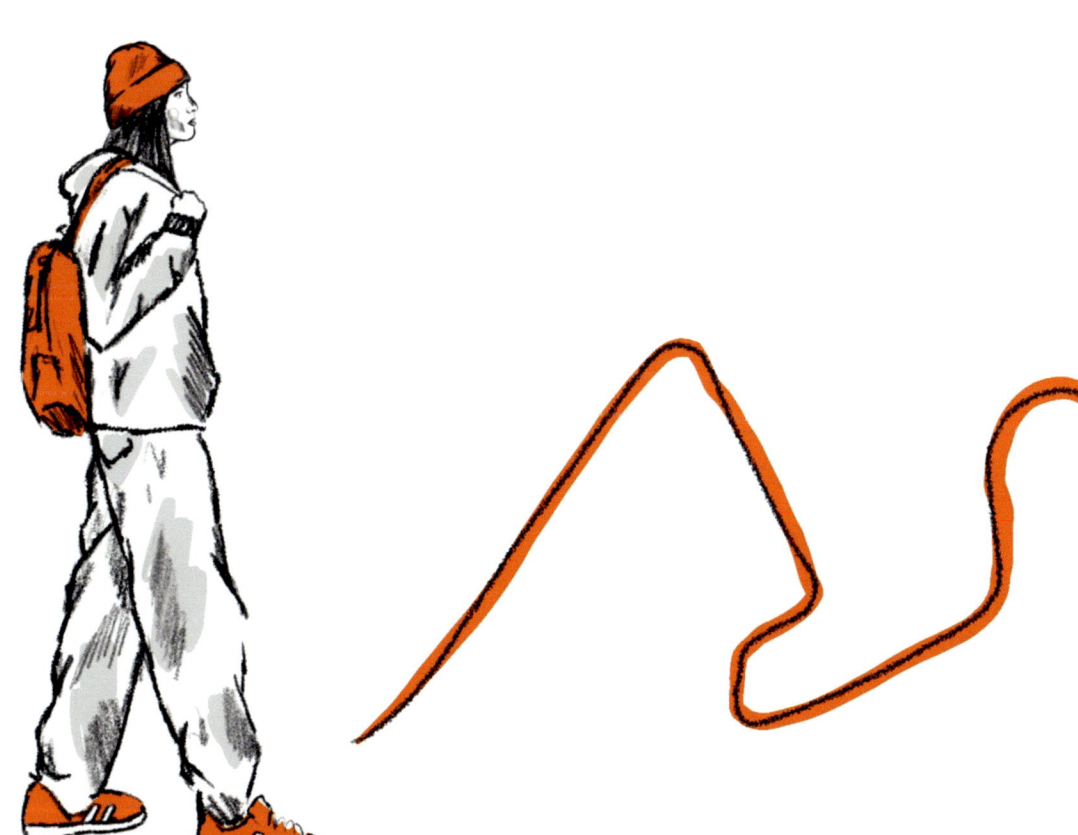

En ese camino me doy cuenta de que lo que me pasa,
es que me estoy enfrentando a la vida

Que la vida es un camino
y será el que yo quiera construir

Y cuando te quieras dar cuenta,
verás que todos tus pasos han dejado huella